Vente du Mardi 21 Janvier 1868.

COLLECTION

DE

M. LE BARON DE ✶✶✶

PORCELAINES

ANCIENNES

Exposition publique le Lundi 20 Janvier 1868.

Me CHARLES PILLET,	M. CHARLES MANNHEIM,
COMMISSAIRE-PRISEUR	EXPERT

1868

CATALOGUE

DE

PORCELAINES

ANCIENNES

DE SAXE, DE SÈVRES, DE CHINE & DU JAPON

Faïences diverses; — Verrerie;
Objets variés.

*Provenant de la Collection de M. le Baron de ****

ET DONT LA VENTE AURA LIEU

HOTEL DROUOT, Salle N° 3

Le Mardi 21 Janvier 1868

A DEUX HEURES.

Par le ministère de Me **Charles PILLET**, Commissaire-Priseur,
11, rue de Choiseul,

Assisté de **M. Charles MANNHEIM**, Expert, 7, rue Saint-Georges.

Chez lesquels se distribue le Catalogue.

EXPOSITION PUBLIQUE

Le Lundi 20 Janvier 1868, de une heure à cinq heures.

CONDITIONS DE LA VENTE.

Elle sera faite au comptant.

Les adjudicataires payeront *cinq pour cent* en sus des enchères.

L'exposition mettant le public à même de se rendre compte de l'état des objets, il ne sera admis aucune réclamation une fois l'adjudication prononcée.

———

0000. — Paris, Imp. de PILLET fils aîné, rue des Grands-Augustins. 5.

DÉSIGNATION DES OBJETS

Porcelaines de Saxe

1 — Jolie soupière de forme ovale avec plateau en ancienne porcelaine de Saxe, décorée d'oiseaux et de fleurs. Le couvercle est surmonté d'une figurine d'enfant, tenant une corbeille de fleurs.

2 — Petite soupière à quatre lobes et accompagnée d'un plateau en ancienne porcelaine de Saxe, gaufrée à fleurettes et décorée de fleurs en couleurs.

3 — Grande tasse avec soucoupe en ancienne porcelaine de Saxe, décorée de scènes dans le style de Watteau. Collection Montebello.

4 — Tabatière en ancienne porcelaine de Saxe, gaufrée à fleurs ; à l'intérieur, paysage avec figures. Monture en vermeil.

5 — Cafetière, pot à crème sur plateau et six tasses avec soucoupes, décorés d'insectes et de fruits.

6 — Petite aiguière et plateau, décorés de fleurs en couleurs et or.

7 — Grand bol et pot à crème en ancienne porcelaine de Saxe, décorés d'oiseaux, de fleurs et de hachures bleues. Vente Montebello.

8 — Six tasses avec soucoupes et pot à crème en ancienne porcelaine de Saxe, décorés de fleurs.

9 — Cafetière en porcelaine de Saxe, gaufrée à palmes et décorée de fleurs.

10 — Autre cafetière à côtes et décorée de fleurs.

11 — Cafetière, décorée d'insectes et de fleurs.

12 — Sucrier en ancienne porcelaine de Saxe, décoré de fleurs.

13 — Sucrier, forme cœur, avec plateau.

14 — Sucrier en porcelaine de Saxe, décoré de sujets chinois.

15 — Sucrier en vieux Saxe, fond lie de vin et décoré de fleurs. Le bouton du couvercle est formé par une fraise.

16 — Sucrier long, adhérant au plateau, à fleurs gaufrées en relief et fleurs décorées en couleurs. Vente Montebello.

17 — Trois tasses à chocolat, décorées d'insectes et de fleurs et à fleurs gaufrées en relief.

18 — Deux tasses trembleuses, décorées de fleurs.

19 — Deux tasses trembleuses, fond blanc et or. Vente Montebello.

20 — Deux tasses, à bords gaufrés et décorées de fleurs en camaïeu bleu.

21 — Deux tasses, à bords gaufrés et décorées de fleurs en couleurs.

22 — Tasse en vieux Saxe, décorée de sujets Watteau en camaïeu violet.

23 — Trois tasses en vieux Saxe, fond jaune et décorées de fleurs.

24 — Cafetière de même porcelaine et de décor analogue.

25 — Pot à crème et bol, fond jaune et dessins chinois.

26 — Deux tasses en vieux Saxe, décorées de sujets dans le style de Téniers.

27 — Huilier en vieux Saxe avec monture ancienne, en bronze doré et garni de burettes en verre de Bohême.

28 — Deux saucières en vieux Saxe, modèle feuille de laitue et décorées d'insectes.

29 — Saucière en vieux Saxe, à bords gaufrés et décorée de fleurs.

30 — Six assiettes à bords gaufrés, décorées de paysages, d'oiseaux et de fleurs.

31 — Deux assiettes à bords découpés à jour et décorées de sujets marine.

32 — Compotier à fleurs gaufrées, décoré d'oiseaux.

33 — Compotier, décoré d'insectes et de fleurs.

34 — Deux plats longs à bords gaufrés, décorés d'oiseaux.

35 — Deux plats analogues, décorés de grandes fleurs.

36 — Deux tasses avec soucoupes, décorées d'oiseaux et d'insectes.

37 — Groupe de trois figures en porcelaine de Saxe moderne ; le Marchand d'oiseaux.

38 — Figurine en ancienne porcelaine de Saxe ; Négrillon, portant une corbeille.

39 — Figurine de même porcelaine ; Jupiter debout.

40 — Deux très-petits bustes ; l'Été et l'Hiver.

41 — Flambeau en ancienne porcelaine de Saxe, décoré d'oiseaux de style chinois.

42 — Porte-fleurs, forme balustre carré à dessins chinois.

43 — Brûle-parfums en forme de vase, orné de figurines, représentant l'Hiver.

Porcelaines allemandes
diverses

44 — Grande cafetière en ancienne porcelaine de Vienne, décorée dans le style de Watteau.

45 — Cafetière, pot à crème et boîte à thé en ancienne porcelaine de Vienne, décorés de fleurs. Belle qualité.

46 — Petit plateau en ancienne porcelaine de Vienne, décoré d'oiseaux.

47 — Tête à tête en ancienne porcelaine de Hœchst, décoré d'oiseaux et d'insectes. Il se compose de deux tasses avec soucoupes, d'une théière, d'un pot à crème, d'un sucrier et d'un charmant plateau à galerie découpée à jour, dont le décor représente un chien, surprenant des canards sauvages.

48 — Grande tasse trembleuse de même porcelaine, décorée de médaillons, imitant des camées.

49 — Grande cafetière en porcelaine de Frankenthal, décorée d'insectes.

50 — Deux plats longs de même porcelaine, décorés d'oiseaux et d'insectes.

51 — Cafetière en porcelaine de Frankenthal, décorée d'oiseaux.

52 — Deux tasses avec soucoupes, pot à crème et bol en ancienne porcelaine de Frankenthal, décorés de scènes tirées des comédies de Molière. Belle qualité. Vente Montebello.

53 — Grande cafetière en porcelaine de la Haye, décorée de paysages avec figures.

54 — Poëlon de même porcelaine, décoré de sujets marine.

55 — Grande cafetière en ancienne porcelaine de Venise, décorée d'un écusson armorié, surmonté d'une couronne, de fleurs et d'insectes.

Porcelaines de Sèvres

56 — Tasse avec soucoupe en ancienne porcelaine de Sèvres, pâte tendre, décorée de fleurs.

57 — Tasse analogue à celle qui précède.

58 — Deux grandes tasses, forme droite en vieux Sèvres, pâte tendre, décorées de fleurs champêtres et bords bleus et or.

59 — Petite tasse en vieux Sèvres pâte tendre, forme droite, décorée de fleurs.

60 — Deux sucriers ovales et plateaux, en vieux Sèvres pâte tendre, décorés de fleurs.

61 — Grand plat creux carré à angles arrondis, en vieux Sèvres pâte tendre, décoré de fleurs.

62 — Trois compotiers de même porcelaine, décorés de fleurs.

63 — Trois plateaux ovales en vieux Sèvres pâte tendre, décorés de fleurs et filets bleus.

64 — Deux vases brûle-parfums de forme ovoïde, en porcelaine à la reine.

65 — Deux pots à crème en vieux Sèvres pâte tendre, décorés de fleurs.

66 — Six assiettes en pâte tendre, décorées d'attributs variés.

67 — Huit assiettes en pâte tendre, décorées de blasons fleur-
delisés.

Porcelaines de Chine

68 — Deux sucriers forme grenade, avec plateanx.

69 — Grande chocolatière en ancienne porcelaine de Chine,
décorée d'oiseaux et de fleurs.

70 — Grande théière de même porcelaine, décorée de figures
finement émaillées.

71 — Deux petites jardinières avec plateaux, à décor en
camaïeu bleu.

72 — Petit pot à eau en ancienne porcelaine de Chine, décoré
de figures émaillées en couleurs. Monture ancienne en
argent.

73 — Autre pot à eau de même porcelaine, décoré de fleurs
et oiseaux en émaux de la famille verte. Monture ancienne
en argent.

74 — Petit vase en ancienne porcelaine de Chine craquelée.

75 — Deux bouteilles à couvercle en ancienne porcelaine de
Chine, émaillées bleu uni. Vente Montebello.

76 — Écuelle en vieux Chine, décorée de fleurs.

77 — Six assiettes en vieux Chine, décorées de figures.

78 — Quatre assiettes, décorées de paysages en camaïeu rouge
de fer.

79 — Quatre assiettes, décorées d'oiseaux.

80 — Quatre assiettes, à fleurs émaillées.

81 — Deux flambeaux, en pierre de lard.

82 — Deux petits singes portant des potiches, en porcelaine
de Chine.

Porcelaines du Japon

83 — Deux très-beaux plats ronds en ancienne porcelaine du
Japon, décorés en couleurs. Vente Montebello.

84 — Petite aiguière à décor en camaïeu bleu. Monture en
cuivre doré de la fin du xvie siècle.

85 — Deux assiettes en ancienne porcelaine du Japon, à décors
variés.

86 — Trois assiettes de même porcelaine.

87 — Théière forme fruit et six tasses fond rouge et or.

Faïences

88 — Deux jolies corbeilles en faïence de Marseille, décorées
de sujets dans le style de Watteau.

89 — Deux vases forme bouteille en faïence de Castel Durante.
xvie siècle.

90 — Bougeoir forme feuille, en faïence de Delft.

91 — Drageoir en faïence allemande, formé d'une figurine d'homme assis sur trois vasques.

92 — Trois petites assiettes en faïence de Castelli. XVIII° siècle.

93 — Deux petites assiettes de même faïence, décorées de sujets champêtres .

94 — Petite assiette de même faïence ; le marchand de melons.

95 — Deux sucriers en faïence de Delft, modèle melon d'eau avec feuilles.

96 — Beurrier de même faïence, décoré de sujets marine rehaussés d'or.

97 — Sucrier de même faïence, à dessins japonais rehaussés d'or.

98 — Brûle-parfums en faïence de Rouen, de belle qualité. Monture en cuivre.

99 — Petite coupe en faïence italienne, décor à damier à reflets métalliques.

100 — Deux flambeaux en faïence allemande.

101 — Coupe en faïence italienne, montée en bois de tilleul.

102 — Huit assiettes en faïence anglaise marbrée.

103 — Soupière moderne, style XVI° siècle, provenant de l'Exposition du marquis Ginori, en 1855.

104 — Coupe ronde, décorée de portraits d'homme et de femme. Même fabrique.

105 — Coupe porcelaine, imitation de majolique. Manufacture royale de Berlin. Exposition de 1855.

Verrerie

106 — Ancien verre hollandais, finement gravé au trait.

107 — Deux gobelets et leurs soucoupes, en verre agate aventuriné de Venise; XVIe siècle.

108 — Porte-bouquet, en verre bleu de Venise.

109 — Petite coupe en verre de Venise, couleur d'ambre sur pied incolore.

110 — Verre de Venise, émaillé violet.

111 — Deux petites aiguières en verre de Venise, à filets d'émail blanc entrecroisés.

112 — Grande aiguière de même travail.

113 — Carafe en verre de Venise, à filets d'émail blanc entrecroisés et bulles d'air.

114 — Carafe en verre agatisé.

115 — Cor de chasse, à filets d'émail bleu.

116 — Pistolet à rouet, porte-liqueurs, en verre incolore garni en argent.

117 — Verre de Bohême gravé au trait, représentant la chasse à la licorne.

Objets variés

118 — Boîte carrée en laque noir et décor d'or. Vente Montebello.

119 — Boîte en laque aventuriné du Japon, décorée d'oiseaux.

120 — Autre boîte en laque aventuriné, décorée d'armoiries.

121 — Damier et jeu de jaquet avec dés sculptés du XVIe siècle.

122 — Petit cabinet en écaille incrustée d'ivoire.

123 — Petit couteau à manche en or émaillé et douille damasquinée d'argent. Époque Louis XIII.

124 — Deux vases de forme ovoïde en vieux Chine, à décor en émaux de la famille verte. Monture en bronze doré.

125 — Deux vases en terre de Boccaro émaillée, montés en bronze doré.

126 — Deux girandoles, à pieds en bronze doré et branches porte-lumières en verre de Bohème.

127 — Grande coupe en porcelaine du Japon, avec monture en bronze.

128 — Pendule Louis XVI, à pilastres et colonnettes, en marbre et bronze doré au mat.

129 — Bague garnie d'un cristal de roche irisé.

130 — Bague, ornée d'un camée à deux couches : guerrier.

131 — Bague ornée d'un camée sur calcédoine; Hébé; xvie siècle.

132 — Tabatière en faïence de Castelli, décorée de figures, faisant de la musique. Monture en bronze doré.

133 — Jolie petite botte ovale en filigrane d'argent émaillé. Époque Louis XIII.

134 — Étui en cornaline gravée, singes musiciens. Époque Louis XV.

135 — Cuiller en agate. Belle qualité.

136 — Cuiller en ivoire sculpté.

137 — Miniature ovale, représentant un sujet allégorique. Cadre en argent doré.